ये अकेली पत्तियां

दिव्या

Proof reading by Omprakash Prasad

Formatting and editing by Vickey David and Divya Pragnya Choudhury

Made with ♥ on the Notion Press Platform

www.notionpress.com

मेरी माँ और पिता के लिए

प्रस्तावना

कविता हृदय की अनुगूंज है, भावनाओं की निर्मल धारा, जो शब्दों के माध्यम से जीवन के हर रंग को उजागर करती है। यह काव्य संग्रह प्रेम, जीवन, विरह और लगाव जैसे कोमल लेकिन गहन विषयों को समेटे हुए है। प्रेम का मधुर स्पर्श, जीवन के उतार-चढ़ाव, बिछड़ने की वेदना और आत्मा के गहरे जुड़ाव—ये सभी भाव इस संग्रह की रचनाओं में सहज रूप से प्रवाहित होते हैं। प्रेम वह पुल है जो दो आत्माओं को जोड़ता है, और विरह वह अनुगूंज, जो प्रेम को और अधिक गहरा बना देती है। इस संग्रह की कविताएँ पाठकों को अपने भीतर झांकने और जीवन की सरलतम भावनाओं को पुनः महसूस करने का अवसर देंगी। यह पुस्तक केवल शब्दों का संकलन नहीं, बल्कि संवेदनाओं की धरोहर है, जो हर हृदय को छूने की क्षमता रखती है।

आशा है कि यह काव्य संग्रह आपके मन के किसी कोने में हल्की सी गूँज बनकर बसा रहेगा, और जब भी आप इसे पढ़ेंगे, यह आपको आपके अपने अनुभवों की याद दिलाएगा। प्रेम, जीवन, बिछोह और लगाव की इस यात्रा में आपका स्वागत है!

विकी डेविड
रायपुर, छत्तीसगढ़

तुम जितनी दफ़ा हमें ठुकराओगे

हम उतनी दफ़ा याद आएँगे

तुम कभी भूल भी नहीं पाओगे

हम कुछ ऐसा कर गुज़र जाएँगे

1

वक़्त-वक़्त की तलाश में

हमें उस पल की आस है

पर वो पल, उस वक़्त के पास है!

मिलना तो तुमसे मुक़द्दर में लिखा था

रिश्ते में हमारे जान नहीं था ये हमें भी पता था

बस प्यार की एक डोर ने जो हमें बाँधे रखा था

मिलना तो तुमसे कहीं न कहीं मुक़द्दर में ही लिखा था।

अनजाने शहर में

अनजाना डगर है

अनजाने कहीं तुम हो

अनजाना ये सफ़र है।

दिल तो वक़्त देख कर नहीं आता

जब आता है किसी पे तो क्यों कह नहीं पाता

वो बेख़बर है मेरे दिल के आवाज़ों से

दूर कहीं बैठा है अपनी सन्नाटों भरी शहर में

हम इंतज़ार कर रहे उसका हर एक लम्हा और पहरों में।

दूर कहीं खड़े हम इस मौसम का इंतज़ार किए थे

रंगने के लिए गुलाबी रंग का इंतज़ार किए थे

भीगने के लिए बरसात का इंतज़ार किए थे

खुशबू से घुले हवाओं का इंतज़ार किए थे

आज जिस मोड़ पर आकर खड़े हैं, कभी इस मोड़ का इंतज़ार किए थे

जो कभी हमारे थे ही नहीं फ़िर भी हम उनका इंतज़ार किए थे

दूर कहीं खड़े हम इस मौसम का इंतज़ार किए थे।

बादलों में छिपा ये गुलाबी रंग

कह रही मुझे रहने को तुम्हारे संग

बहती हुई हवाएँ भी कुछ इशारे कर रही

कह दो उसे तुम्हारे दिल के करीब जो है

चाँद भी मुस्काते होंठों से कहता है

ढूँढ लो तुम्हारे ज़िन्दगी का चाँद जो है

लेकिन उसे क्या पता ज़िन्दगी में अभी तक चाँदनी आई नहीं

हम तो बस गुनगुना रहे मगर मेरे गीत में अभी तक रागिनी आई नहीं

ढूँढ रहे हम अपना हमसफ़र मगर साथ चलने वाला वो

मुसाफ़िर अभी तक हम पाए ही नहीं!

मुस्कुराहट की वज़ह बनना चाहते हैं

क्या इजाज़त है

आँसुओं को तुम्हारे अपनाना चाहते हैं

क्या इजाज़त है

इजाज़त लेते हुए तुम्हारा

तुम्हारे दिल में छोटा सा बसेरा, बसाना चाहते हैं हमारा

क्या इजाज़त है?

किसी के सपने तोड़ जाएँगे

अपनों को ही छोड़ जाएँगे

कुछ नज़र आएँगे मेरे कब्र पर आँसू बहाते

गुज़रे हुए वक्त की तरफ़ हमें भूल जाते

हम तो किसी चीज़ में ख़ास नहीं

हम में तो ऐसी कोई बात नहीं

अपनों ने सुनाया और ग़ैरों ने भी

हम किसी के ख़ास नहीं

लोगों ने तानों का बरसात किया

फ़िर भी हमने सब सह लिया

सांत हैं, सांत ही रह जाएँगे

अपने कहानी के साथ दर्द को भी दफ़ना जाएंगे

किसी कहानी के हिस्सा थे ये भी हम भुला जाएंगे।

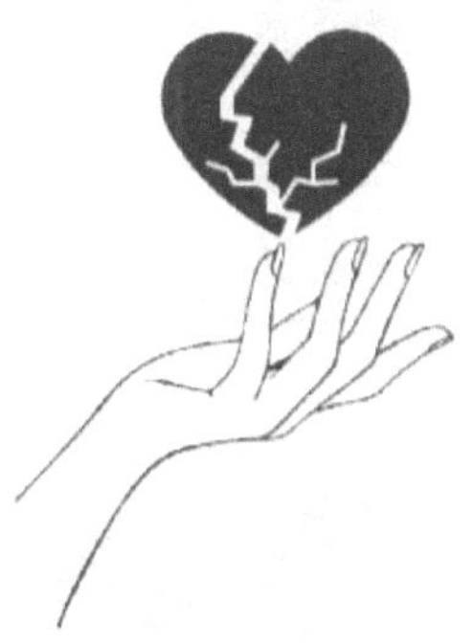

हम मशरूफ़ हैं उस ज़माने में

जिस ज़माने को हमारी फ़िक्र ही नहीं

गुम हैं उस शख़्स को पाने में

जिसकी कहानी में हमारी ज़िक्र ही नहीं

शायद कहीं ग़लती है हमारी उसे चाहने में

जिसकी हाथों में हमारी कोई लकीर ही नहीं।

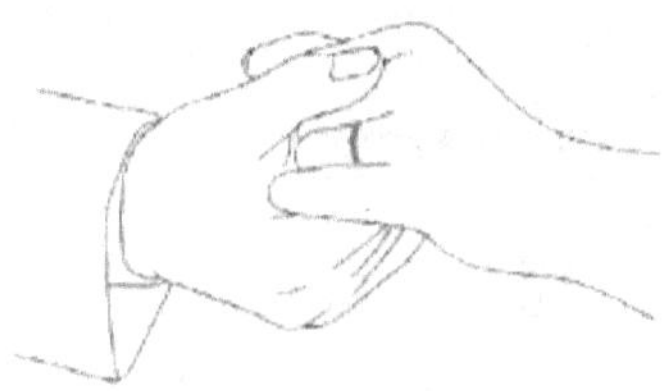

खामोशी को मेरी जो समझ सके

बस एक दफ़ा गले जो मेरे लग सके

तक़लीफ़ें ख़त्म होती नहीं कभी

बस जो हाथ पकड़ कर तक़लीफ़ों में भी चल सके

मुस्कान तो अब भी है होठों पर मेरे

लेकिन जिसे देखते ही चेहरा मेरा खिल सके

दुआ तो हर कोई मांग ले लंबी उम्र के

जो मेरे साथ जीने का ज़िक्र कर सके

हमें इंतज़ार है उस शख़्स का

जो मेरी दुनिया बन सके।

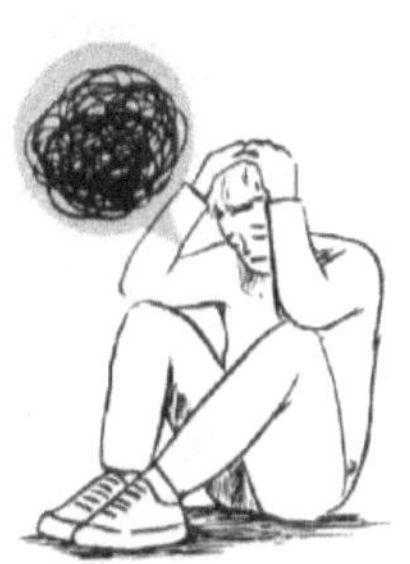

ख़्वाब से तू लगाव न रख

तेरा ख़्वाब ही तुझे ले डूबेगा

पूरा होने पर घमंड ले आएगा

और न होने पर हिम्मत तोड़ जाएगा।

कुछ पल सुकून के ख़ातिर

आज बेचैन होके भाग रहे हैं

क्या पता वो पल हमारा हो या न हो

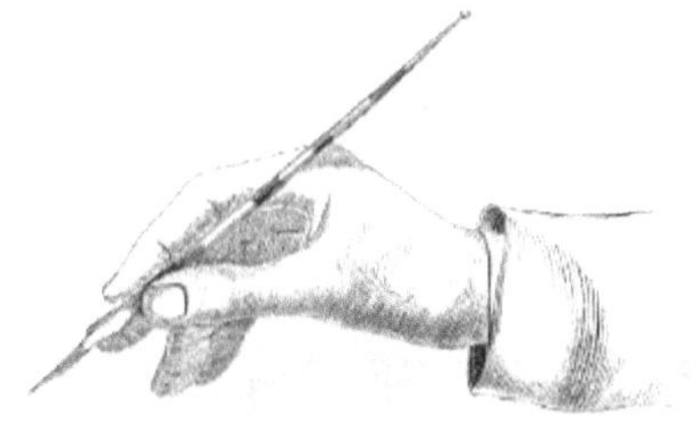

साया ने कुछ और कहा

हमने कुछ और ही लिखा

दिल ने इश्क़ पुकारा

तो हमने अपने जज़्बात लिखा

अपने में कांटे

और उसके हिस्से में गुलाब के पंखुरियां लिखीं

आंखों में समंदर हो मेरे

मगर होंठों पे उसके मुस्कान भरी लहरें लिखीं

ज़ख्म अनजाने में ही दिया होगा उसने

दिल को समझाने के लिए हमने ये भी लिखा

साये ने हमारे कुछ और कहा

हमने कुछ और ही लिखा।

चाँद का ये जो चमक है चेहरे पे तेरा,

महफिल में छाया जो रौनक है

सादगी को तुम्हारे निहारने के लिए

हमें अपनी आँखों की ज़रूरत ही नहीं है

तुम्हें सजने सँवरने के लिए

सच बताऊं तो किसी आईने की भी ज़रूरत नहीं है

खूबसूरत दिखने के लिए

तुम्हें कोई पार्लर जाने की ज़रूरत नहीं है

दिल से सच्चे हो तुम इतना, कि हर किसी को अच्छा लगने की ज़रूरत नहीं है।

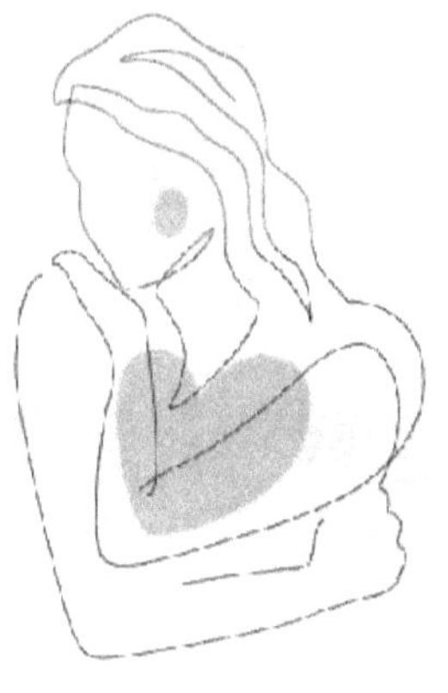

इंतज़ार का हमारा इंतिहा हो गए

गुलाबी रंग ज़रा अब फीका पड़ गए

दिल के ये ज़मी सूखे पड़ गए

खुशबू भी कुछ कम से हो गए

इस मोड़ पर आके मान भर गए

इंतज़ार हमारा कुछ इस तरह इंतिहा हो गए

कि अब ख़ुद से मोहब्बत करके भी

हम कुछ ज़्यादा खुश महसुस करने लग गए।

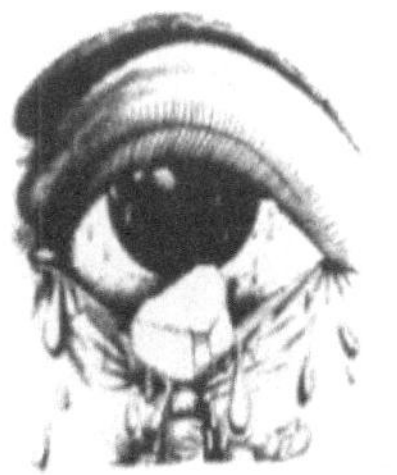

सांसें बेक़रार करके रखना तुम

धड़कने थाम के रखना तुम

जिस धोखे के साज़िश में तुमने मुझे फंसाया था

मेरी बर्बादी के नतीजे को कहीं नज़रों में छिपा के रखना तुम।

मिलने तुझसे कभी जो हम आएं

कुछ वक्त जो हम सिर्फ तेरे लिए बचाएं

उसमें सिर्फ़ तेरे साथ ही जीना चाहें

तू भी कभी मेरे पास जब आए

कभी जो थोड़ा मुस्कुराहट मेरे लिए लाए

उन पलों में सिर्फ़ मेरे हो जाए

कुछ कहानी अधूरी रह जाती है

अधूरे वो दास्तान बहुत कुछ कह जाती है

अधूरे न वो पल होते

अधूरे न वो लफ्ज़ होते

इश्क़ तो हमेशा अधूरेपन से होते ही रहते हैं।

इश्क जो कभी हमारा था

आज न तेरा हुआ न मेरा हुआ

बिछड़े दोनों ऐसे कि

बस एक मुक़्तसर सा दास्तान हुआ।

आंखों ही आंखों से प्यार हुआ

लबों ही लबों से ऐतबार हुआ

ज़माने को जब ख़बर लगी

दिल टूटे और ज़िंदगी बर्बाद हुआ।

पूरे सारे ख़्वाब हों

ज़िंदगी लाजवाब हो

कुछ ऐसा हिसाब हो

खुशियों का पहाड़ हो

उस पहाड़ के शिखर पर तुम रहो

अपनों का भी साथ हो

दुआओं की बरसात हो

इसमें भीगते सिर्फ़ तुम रहो

ऐसे रब से मेरी दरख़्वास्त हो

चेहरे पर तुम्हारे प्यारी सी मुस्कान हो

इसमें न कोई ऐतबार हो

मुनाजात है ये मेरी कि ये सब तुम्हारे लिए बेशुमार हो

बादल जो ये रंग बदल रहे हैं

क्या वो प्यार के मौसम ला रहे हैं

धीरे-धीरे सर्द भी बढ़ रहा है

क्या ज़िंदगी का वो मोड़ बदल रहा है।

ज़िंदगी के इस मोड़ में कहीं गुम थे हम

कई दिनों से आंखें भी थीं कुछ नम

आसमान को देखकर अचानक मुस्कुराने लगे

जैसे सारे ग़मों से हम दूर जाने लगे।

शायर को ये खबर है जो तुझे बेख़बर है

बेइंतहा तुझसे मोहब्बत होते हुए भी शायर को सबर है

वाक़िफ़ जब तू उस ख़बर से होगा

क्या पता शायर कहीं इस शहर में न होगा।

सफ़र आधी कटी है तेरे बिन

बाक़ी ज़िंदगी अब तू न मुझसे छिन

खुश है, खुशी के अंदाज़े में ही हम

ख़यालों में हर दफ़ा, जब गुज़रते हो तुम।

तुम्हें चाहने का हमें हक़ तो नहीं

हमारी चाहत पर तुम्हें कोई शक तो नहीं

छोड़ जाओगे मुझे तुम जितनी दफ़ा कहते रहें

उतने ही मेरे प्यार के नग़मे में तुम बहते रहे

न जाने क़बूल करने से क्यों तुम इतना इठलाते हो

प्यार होकर भी मना करके चले जाते हो।

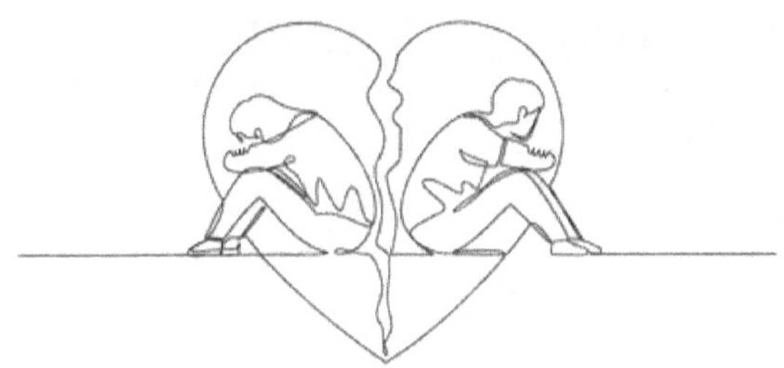

दिल ने भी क्या ख़ता किया

जो उसने मेरा हाथ छोड़ दिया

दिल के टूटने का वज़ह हम ढूंढते रहे

जो उसने मुहं मोड़ दिया।

एहतराम हम बस तेरा करते रह गए

तुम न कभी मेरे अज़ार समझ पाए

मुलाक़ात होगी हमारी पर्दा करके वादा

थोड़ी देर तक हमारा इंतज़ार न कर पाए।

अंधेरा पसंद है

और उजाले की तलाश में हूँ

दूर रहने का तो बस बहाना है

मैं तो कहीं उसके आस-पास ही हूँ

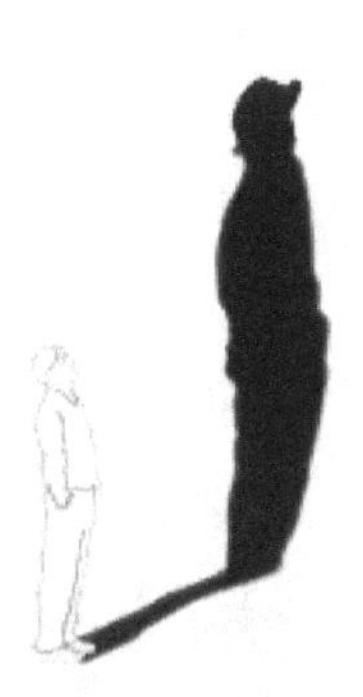

ख़्वाबों को जलाना हमें ख़ूब आता है

दर्द को छिपाना हमें ख़ूब आता है

साया भी मेरा बेख़बर है

सीने में छिपा ये जो दर्द है

न झलक पाएगा किसी के सामने

है हिम्मत तो तू भी आज़मा ले।

एक चाँद काफ़ी है

उसकी चाँदनी काफ़ी है

पूरी जहाँ को रोशन करने के लिए

एक ख़्वाब काफ़ी है

उसे याद करने के लिए

मेरा दिल काफ़ी है

उसके बसेरे के लिए

मेरे लफ्ज़ काफ़ी हैं

उसको बयां करने के लिए।

मैं ख़्वाब कहूं

तू ख़्वाब में आए

ख़्वाब में भी मेरी नींद उड़ा जाए

मैं दूर रहूं

तू पास चले आए

पास आकर दूरी मिटा जाए

मैं दर्द लिखूं

तू दवा ले आए

मेरे लिए ख़ुदा से दुआ फ़रमाए

मैं झूठ कहूं कि मुझे इश्क नहीं है तुझसे

आँखों की नमी मेरी तुझे सच का पता दे जाए।

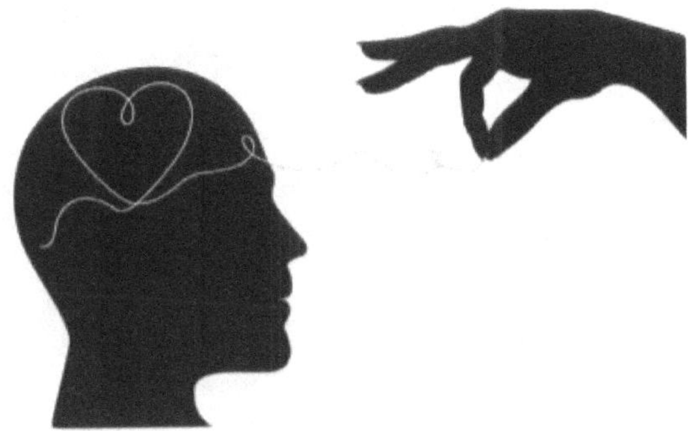

याद आना और आते रहना

दीवाना हमें यूं बनाते रहना

घाव पर मेरे ज़ख्म लगाते रहना

और फ़िर चोट पहुँचा कर चले जाना

ये हुनर किसी और में है कहां!

वक़्त था जब अपने पास

हम न बना पाए उस वक़्त को खास

दूर है कहीं हम दोनों आज

फ़िर क्यों हो रहा उस समय का इंतज़ार।

हमको ज़िंदगी में फ़ैसले लेने का तो हक़ है

मगर हम कुछ फ़ैसला कर नहीं सकते

हमको खुशी से जीने का तो हक़ है

मगर हम खुल के जी नहीं सकते

लोगों की बातें हमें कुछ फ़िज़ूल सी लगती हैं

मिठास भी यही घोलते हैं

और ज़हर भी यही पिलाते हैं

जो कि हम पी नहीं सकते!

यूँ ही इंतज़ार के कुछ पल बित गए

उन पलों में कुछ यादें समा गए

यादों को ख़्वाबों में हम बदलते रह गए

उम्र हमारी ढलती रह गई, कई साल गुज़र गए।

किसी को याद करना बहुत खूबसूरत है

मगर किसी के यादों में आना लाजवाब है

किसी के साथ घंटों बातें करना मुनासिब है

मगर किसी के लफ़्ज़ों में सजे रहने की बात ही कुछ अलग है

किसी से मोहब्बत करना सही है

मगर उसी शख़्स से इश्क करते रहना क़माल की बात है।

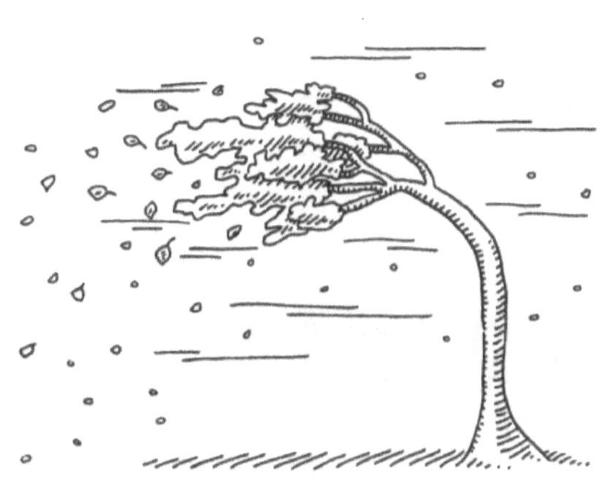

मौसम का अंदाज़ कुछ बदल रहा

लगता है इनको भी मेरा राज़ पता चल रहा

कुछ हम कहें कुछ तुम कहना

शिकायतें हमारी तुम बेझिझक हमसे ही करना

मगर प्यार को न कभी कम होने देना

चाहे हमसे दूर कहीं भी तुम रहना

कभी याद आएं तो यादों के सहारे हमारे साथ घूम लेना

बात करने का मन हो तो बस एक आवाज़ दे देना

जब दूर जाने का मन हो तो बता कर चले जाना

बस इतना था हमें कहना... बस इतना था कहना।

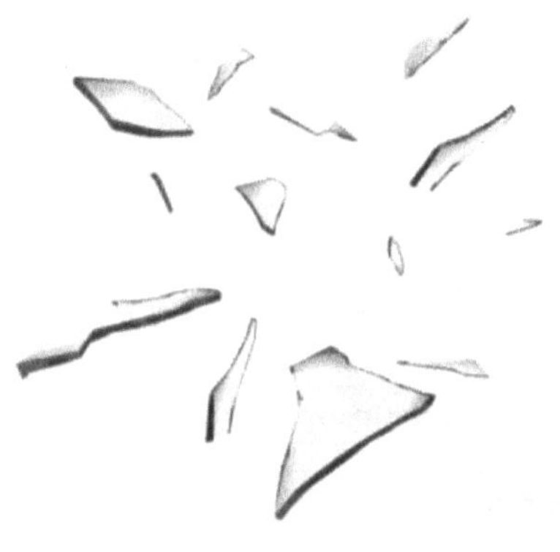

मेरा यहाँ कुछ भी नहीं

जो मिला वो भी नहीं

जो खोया वो भी नहीं

तुम मुझे क्या तोड़ोगे

बिखरा हुआ हूँ मैं आज भी वहीं

मुझमें तुम्हें क्या चाहिए

तुम या मैं ये हम समझे नहीं

तुम में बस मुझे हम चाहिए

उसके अलावा और कुछ भी नहीं।

हर शख़्स ग़लत नहीं होते

हर शब्द में दर्द नहीं होते

हर चेहरे पर मुखौटे नहीं होते

मेरे हर दर्द की वज़ह हमेशा हम नहीं होते

मौसम हमेशा सर्द नहीं होते

बदलते बादलों के रंग को देखो

कभी पतझड़ के मौसम को देखो

कभी तुम अपने तो कभी अपनों को देखो

कभी चार नैनों से एक ख़्वाब तुम देखो

हमेशा न तो हम ग़लत हो सकते हैं

और न हमेशा तुम सही हो सकते हो

मगर हर एक पल की ज़रूरत हो तुम मेरे

कभी मुझे तुम्हारे सांस बनाके तो देखो।

मुझे मेरे अपनों में भी दुश्मन दिखने लगे

ये लोग कुछ काम ऐसे करने लगे

ज़हर के स्वाद को भी बदलने का हुनर रखते हैं

अपने सादगी का पहचान बताते हैं

करीब जाकर थोड़ा देखें तो पता चला

उनकी छिपाई हुई ये लाजवाब कला!

रात मेरी है

पर बात तेरे

नींद मेरी है

पर ख़्वाब तेरे हैं

मुस्कुराहट तो मेरी है

मगर वज़ह तो बस हो तुम

हम जो कुछ आजकल बदल रहे हैं

शायद किसी का असर हो रहा है।

चाहा तुम्हें गैरों ने भी होगा

मगर मेरे चाहत में कोई साज़िश नहीं

कई मांगे होंगे तुम्हें अपने दुआओं में

तुम्हें पाने की मेरी कोई ख़्वाहिश ही नहीं।

कोई ऐसा शख़्स चाहिए

कोई ऐसा वक़्त चाहिए

कोई ऐसी बात चाहिए

कोई ऐसी रात चाहिए

कोई ऐसे हाथ चाहिए

अब बस किसी अच्छे का साथ चाहिए।

ख़्वाबों का एक समंदर मेरा

ख़्वाब में ही डूब जाएंगे

जिस राह पर बह जाएगी

उसी के लहरों में हम बह जाएंगे

आज़ाद हूँ मैं

क़ैद हूँ मैं

अपनों के क़रीब हूँ मैं

घर से दूर हूँ मैं

कहीं शांत हूँ मैं

तो कहीं बेचैन हूँ मैं

सर्द में ओस हूँ मैं

तो कहीं ख़ुद ही में उलझी हूँ मैं

फ़िर भी उस रोशनी की तलाश में हूँ मैं

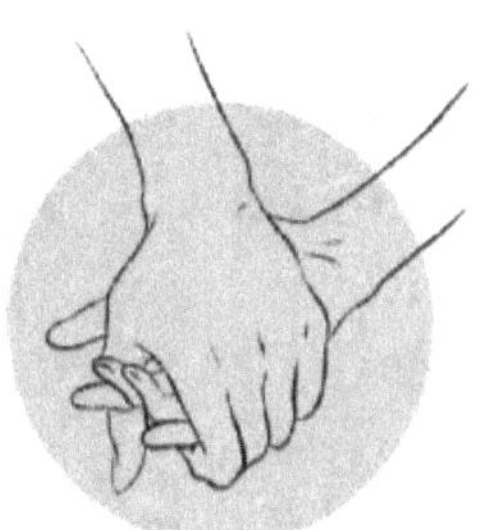

तेरा हाथ पकड़ने का जो ये नशा हो गया

तुम दूर क्या गए, आज मेरा हाथ मुझसे ख़फ़ा हो गया।

ग़मों को तुम अपना त्योहार बना लो

जो भी मिले, ज़िंदगी के इस सफ़र में,

उसे तुम गले से लगा लो

तकलीफें होंगी, दर्द भी होंगे

कई बार तुम मजबूर भी होगे

पर उसे तुम अपनी कहानी का दस्तूर बना लो।

क्या नज़ारा है ये ज़िंदगी का

कभी तुम भी बैठके देखा करो

कभी-कभी तुम भी मुस्कुराया करो

अपने धड़कनों के आवाज़ को सुना करो

जो मिले उसे बटोरो और

अपने जीवन की खुशबुदार बनाया करो।

रूठने पर मनाने वाला यहाँ कोई नहीं

हाथों को मेरे थामने वाला यहाँ कोई नहीं

गिरने पर उठाने वाला यहाँ कोई नहीं

ज़ख्म पर मेरे मरहम लगाने वाला मेरा यहाँ कोई नहीं

ये कोई नहीं के ज़माने में मुझे अपनों की तलाश है

देखो ना मेरी ख्वाहिशें भी बड़े ही लाजवाब हैं।

कौन नहीं है गुनहगार यहाँ

जो इस ज़िंदगी के सफ़र में चलता रहा

मेरी गुनाहें बहिष्कृत सी हैं

कभी किसी को दुख दिया

कभी किसी को दर्द दिया

कभी किसी को साज़िश में फंसाया

तो कभी किसी पे इल्ज़ाम लगाया

मैं अकेला गुनहगार नहीं

ये गुनाह कभी तुमने भी किया होगा

सोचो ज़रा,

दुनिया को तुमने अब तक क्या-क्या दिया होगा।

कुछ लोग भूलने के लिए

तो कुछ भूलाने के लिए होते हैं

हर रोज़ जिसकी याद सताए

वो अक्सर यादों की ओट में घूमने के लिए होते हैं।

जो सब लुटा कर तुम बैठे हो

बताओ तुमपे लुटने के वास्ते कौन है यहाँ!

कुछ गुनाह मैंने किये

कुछ सज़ा मुझे मिले

जो साथ मैंने दिये

वो साथ कभी ना मिले

हर गुनाह का क़सूरवार हमें ठहराकर

अब कभी न वो इंसान मुझे मिले।

इस ज़िंदगी में कई पहेलियाँ हैं

कुछ को सुलझा चुकें और कुछ बाक़ी हैं

मेरे अंदर के आग से लोग अंजान हैं

चेहरे के इस मुस्कान से सब हैरान हैं

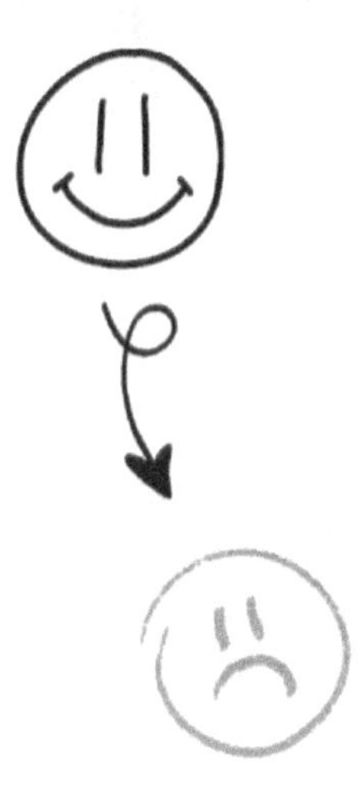

जितना साफ़ ये आसमान है

कभी मेरा दिल भी हुआ करता था

हर किसी को मासूम समझने का ग़लती किया करता था

लोगों ने इसे इतना चोट पहुँचाया

के अब ये कभी मासूम न रह पाया।

वो शान्त सी है और मैं बेचैन सा

वो रात सी है और मैं बस एक दिन सा

रात की वो चाँद है और मैं ठहरा सवेरा के सूरज सा

वो गीत सी है और मैं उसके लफ़्ज़ सा

वो ख्वाब सी और मैं उस ख्वाब में एक पल सा

वो आसमां है तो मैं बादल हूं

अगर उसे समंदर कहूं तो मैं उसकी लहर हूं

अगर मैं कह दूं कोई पेड़ उसे तो मैं उसका आखिरी पत्ता हूं

मन चाहे हो या ना हो, फिर भी उससे जुदा हो जाता हूं

पास हो कर भी मैं इतना दूर हूं

कुछ ऐसे मैं मज़बूर हूँ....

दिव्या प्रज्ञा चौधरी, एक इंजीनियरिंग छात्रा और कवयित्री हैं। ओडिशा से ताल्लुक रखने वाली दिव्या वर्तमान में एनआईटी रायपुर में अध्ययनरत हैं। उन्हें शब्दों की लय और यात्रा के विस्तार में सुकून मिलता है। जौन एलिया, गुलज़ार और मनोज मुंतशिर की कालजयी रचनाओं से प्रेरित होकर, उनकी कविताएँ भावनाओं का सार पकड़ती हैं—कच्ची, बेपरदा और गहराई से व्यक्तिगत। *ये अकेली पत्तियां'* उनकी पहली पुस्तक है, जो एक संवेदी संकलन के रूप में एकांत, प्रेम, विरह और उनके बीच के हर एहसास को उकेरती है। अपनी रचनाओं के माध्यम से, वह दिलों को छूने और आत्मा पर एक अमिट छाप छोड़ने की उम्मीद रखती हैं।

www.ingramcontent.com/pod-product-compliance
Lightning Source LLC
Chambersburg PA
CBHW020325180726
47991CB00019B/699